AF462939

BLESSURE ET MALADIE

DE

M. GAMBETTA

RELATION DE L'AUTOPSIE

L'OBSERVATION CLINIQUE A ÉTÉ RÉDIGÉE PAR M. LANNELONGUE,
L'AUTOPSIE PAR M. LE PROFESSEUR CORNIL

Avec 3 planches lithographiées

EXTRAIT DE LA GAZETTE HEBDOMADAIRE DE MÉDECINE ET DE CHIRURGIE
(n° du 19 janvier 1883.)

PARIS
G. MASSON, ÉDITEUR
LIBRAIRE DE L'ACADÉMIE DE MÉDECINE
120, BOULEVARD SAINT-GERMAIN, 120
1883

BLESSURE ET MALADIE

DE

M. GAMBETTA

RELATION DE L'AUTOPSIE

Motteroz, Adm.-Direct. des Imprimeries réunies, A, rue Mignon, 2, Paris.

BLESSURE ET MALADIE

DE

M. GAMBETTA

RELATION DE L'AUTOPSIE

L'OBSERVATION CLINIQUE A ÉTÉ REDIGÉE PAR M. LANNELONGUE,
L'AUTOPSIE PAR M. LE PROFESSEUR CORNIL

Avec 3 planches lithographiées

EXTRAIT DE LA GAZETTE HEBDOMADAIRE DE MÉDECINE ET DE CHIRURGIE
(nº du 19 janvier 1883.)

PARIS
G. MASSON, ÉDITEUR
LIBRAIRE DE L'ACADÉMIE DE MÉDECINE
120, BOULEVARD SAINT-GERMAIN, 120
1883

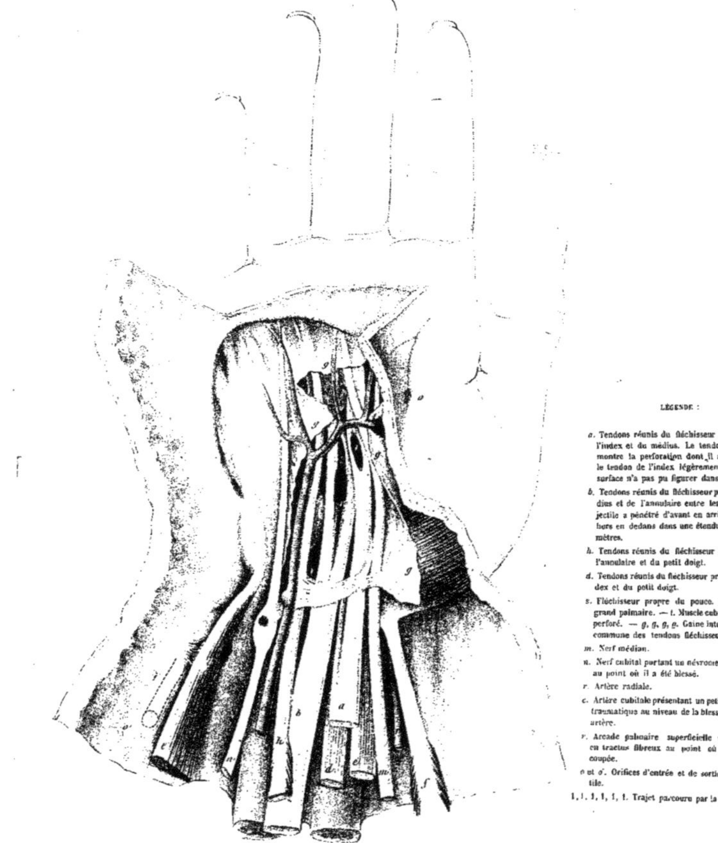

LÉGENDE :

a. Tendons réunis du fléchisseur superficiel de l'index et du médius. Le tendon du médius montre la perforation dont il a été le siège; le tendon de l'index légèrement atteint à sa surface n'a pas pu figurer dans le dessin.

b. Tendons réunis du fléchisseur profond du médius et de l'annulaire entre lesquels le projectile a pénétré d'avant en arrière et de dehors en dedans dans une étendue de 2 centimètres.

h. Tendons réunis du fléchisseur superficiel de l'annulaire et du petit doigt.

d. Tendons réunis du fléchisseur profond de l'index et du petit doigt.

s. Fléchisseur propre du pouce. — *f*. Muscle grand palmaire. — *t*. Muscle cubital antérieur perforé. — *g*, *g*, *g*, *g*. Gaine interne ou gaine commune des tendons fléchisseurs.

m. Nerf médian.

n. Nerf cubital portant un névrome traumatique au point où il a été blessé.

r. Artère radiale.

c. Artère cubitale présentant un petit anévrysme traumatique au niveau de la blessure de cette artère.

r'. Arcade palmaire superficielle se résolvant en tractus fibreux au point où elle a été coupée.

o et *o'*. Orifices d'entrée et de sortie du projectile.

1, 1, 1, 1, 1, 1. Trajet parcouru par la balle.

REMARQUE. — L'exécution du dessin n'a pas permis de conserver les rapports normaux des tendons entre eux.

BLESSURE ET MALADIE

DE

M. GAMBETTA

RELATION DE L'AUTOPSIE

OBSERVATION

Le lundi 27 novembre, à midi, un serviteur de M. Gambetta entrait précipitamment chez moi, me priant de me rendre en toute hâte à Ville-d'Avray : « M. Gambetta vient de se blesser à la main avec un revolver, me dit-il, sa voiture vous attend. » Je partis immédiatement, muni de quelques instruments qui me parurent utiles.

Il était une heure quand j'entrai dans la chambre du blessé; M. Gambetta était couché dans son lit, la main recouverte d'un pansement. On alla chercher MM. les docteurs Gilles et Guerdat qui avaient donné les premiers soins; M. Gilles arriva seul. Le pansement fut défait: l'avant-bras placé à angle droit sur le bras et maintenu vertical au plan du lit, il fut aisé de procéder à un examen attentif de la blessure, dont le trajet occupait la main et la section inférieure de l'avant-bras droit.

L'orifice d'entrée du projectile apparaît dans la paume de

la main, immédiatement en dedans du sillon qui sépare l'éminence thénar du creux de la main, à la rencontre de ce sillon et d'une ligne transversale partant de la racine du pouce et coupant la main perpendiculairement à son axe. Les dimensions de cet orifice sont inférieures à celles d'une pièce d'argent de vingt centimes; il est régulièrement circulaire, légèrement déprimé au centre où se trouve un caillot qui le ferme ; il présente sur les bords une zone noirâtre d'un millimètre environ.

L'orifice de sortie est placé dans l'avant-bras, mais non sur sa face antérieure ou palmaire; sa situation précise est plutôt sur la face dorsale ou, plus exactement, à l'union du bord interne et de la face dorsale, à 5 centimètres au-dessus de l'apophyse styloïde du cubitus. Les bords de cet orifice, légèrement déjetés en dehors, également entourés d'une zone noirâtre moins large, sont fissurés en deux points opposés. Par la plaie béante de sortie, il s'écoule un filet de sang rouge, sans rutilance pourtant, qui n'a cessé qu'avec l'application du pansement. Pendant l'examen ultérieur, les deux orifices sont mis à l'abri du contact de l'air, à l'aide d'un carré de protective.

Le trajet compris entre ces deux orifices mesure en ligne droite 13 centimètres ; il se dirige de bas en haut, de dehors en dedans et d'avant en arrière ; il ne suit pas le membre parallèlement à son axe longitudinal, il coupe obliquement cet axe ; il n'est pas non plus compris dans un même plan transversal puisque l'un des orifices se trouve à la face palmaire, tandis que l'autre est placé presque sur la région dorsale de l'avant-bras.

M. Gambetta m'avait fait le récit de l'accident dès mon arrivée ; il a été publié en ces termes, le 2 décembre, dans la *République française :* « M. Gambetta s'est blessé lui-même ; il tenait dans sa main gauche un revolver dans lequel était restée une cartouche ; il en avait fait basculer le canon et pour le remettre en place il appuyait la paume de la main droite sur l'extrémité de l'arme. A ce moment la cartouche, n'étant qu'en partie engagée dans le cylindre, s'opposait au redressement du canon. Aussitôt que la pression fut assez forte, la capsule de fulminate partit, et M. Gambetta reçut le projectile dans la paume de la main droite. Le trajet de la balle a suivi le sens de l'avant-bras et le projectile est ressorti. »

Ce document montre quelle était la situation de la main droite : elle se trouvait en pronation forcée et fortement renversée dans l'extension exagérée sur l'avant-bras ; dans cette attitude, le creux de la paume de la main et la gouttière radio-carpienne se dirigent vers le bord cubital de l'avant-bras, et c'était cette direction qu'avait suivie le projectile. On nous l'avait remis, et ses dimensions (9 millimètres de long sur 6 millimètres de large) contribuèrent à nous éclairer, après un examen plus complet, sur l'étendue des altérations produites.

Le bruit de la détonation avait été peu intense : le blessé ressentit immédiatement dans la main, une douleur extrêmement vive que dans son récit il compara à un éclair ; de plus, il se produisit immédiatement un écoulement de sang par l'orifice d'entrée du projectile. Ainsi averti de sa blessure, M. Gambetta crut tout d'abord que la balle n'était pas ressortie ; il lui sembla, pendant plus d'un quart d'heure, qu'elle était encore dans sa main et il fit plusieurs tentatives de compression pour l'extraire. Bientôt une tache de sang sur la manche de la chemise fit découvrir l'orifice de sortie. Pendant ce temps, on s'était empressé autour de lui, et, comme le sang continuait à couler, non en jet, mais à la manière du filet d'un petit ruisseau, les gens de sa maison apportèrent un grand vase d'eau salée dans lequel il plongea sa main; par deux fois on renouvela l'eau, et chaque fois, nous dit-il, elle était fortement rougie; il estime qu'il a perdu *pas mal de sang* (1). Puis, il enveloppa sa main successivement dans deux serviettes et un grand mouchoir; tout ce linge était couvert de taches de sang. MM. les docteurs Gilles, de l'hospice Brézin, et Guerdat, de Ville-d'Avray, arrivèrent alors et procédèrent à un pansement légèrement compressif qui arrêta l'hémorrhagie.

La direction du trajet indiquait que le projectile avait dû pénétrer directement sous l'aponévrose palmaire et s'engager probablement dans le canal radio-carpien pour gagner l'orifice de sortie; il pouvait avoir atteint le pisiforme, l'os crochu ou le cubitus, intéressant peut-être en même temps les articulations de ces os et celle du poignet. Cependant, la position de la main n'impliquait pas nécessairement une lésion des os, et l'examen méthodique qui en fut fait, nous donna l'assurance de l'intégrité du squelette. Ce premier résultat acquis nous rassura beaucoup et la remarque en fut faite à haute voix devant le blessé.

Dans la partie antibrachiale de son trajet, la balle avait suivi la direction de l'artère cubitale en la croisant très obliquement cependant: de plus, au moment de notre examen, le blessé perdait un sang rouge, quoique sans rutilance, qui s'écoulait avec continuité par l'orifice de sortie. Il y avait donc à rechercher si ce vaisseau n'était pas intéressé: il n'existait pas de gonflement le long de l'artère, les tissus étaient souples; néanmoins je ne perçus pas les battements artériels, et je dus rester dans le doute sur ce point, ne voulant ni prolonger l'exploration, ni la rendre douloureuse, pour m'éclairer au delà de ce qui était nécessaire. Du côté de la paume de la main, le projectile avait pénétré juste en

(1) Expression de M. Gambetta.

face de la ligne anatomique de l'arcade palmaire superficielle; l'hémorrhagie avait été assez considérable par l'orifice d'entrée; on pouvait donc supposer que cette artère était atteinte, ou tout au moins qu'un des rameaux importants de l'arcade avait fourni le sang. Mais l'hémorrhagie étant suspendue et la plaie bouchée par un caillot, il n'y avait pour le moment qu'à se tenir sur la réserve et à exercer une surveillance attentive pour l'avenir.

L'examen de la sensibilité fut très significatif : elle était intacte sur toute la périphérie de la main et des doigts, sauf sur les faces palmaires du petit doigt et de la moitié interne de l'annulaire. Là elle était complètement abolie, et un certain nombre de piqûres faites à l'abri du regard du blessé, avec la pointe d'une aiguille, en évitant l'ébranlement des doigts, ne furent pas senties; la sensibilité nous parut cependant conservée, mais obtuse et vague, sur la face dorsale du petit doigt, de l'annulaire et de la moitié interne du médius. Le nerf cubital se trouvait donc incomplètement intéressé.

Le projectile ayant pénétré dans le canal radio-carpien, la lésion des gaines tendineuses était certaine et ces cavités avaient dû être suivies dans une longueur de plusieurs centimètres. Les tendons qu'elles reçoivent avaient dû souffrir aussi de la blessure, mais probablement d'une manière incomplète; le malade pouvait, en effet, ramener les doigts dans la paume de la main, non toutefois sans gêne. On remarquait encore que la troisième phalange de l'index, du petit doigt et un peu celles des deux doigts intermédiaires, ne se fléchissaient qu'imparfaitement.

Il s'était produit un gonflement notable de la main, localisé dans la région de l'éminence thénar et du premier espace interosseux. Non seulement l'éminence thénar était soulevée jusqu'à la ligne articulaire du poignet, mais elle était plus ferme et le gonflement encore plus marqué dans l'intervalle qui sépare le pouce de l'index. Dans ces deux régions qui sont en continuité anatomique, d'ailleurs, il y avait du sang collecté et infiltré en abondance ; la recherche attentive des pulsations caractéristiques d'un anévrysme traumatique fut négative.

En résumé : ouverture certaine des gaines des tendons fléchisseurs, altération presque aussi certaine de quelques tendons du groupe des fléchisseurs superficiels et profonds, blessure incomplète du nerf cubital, doutes légitimes sur la blessure de l'artère cubitale et de l'arcade palmaire superficielle, tel fut le résultat des investigations de la première heure. Il convient d'ajouter que le muscle cubital antérieur était nécessairement traversé de la face profonde à la face superficielle.

L'examen du blessé a duré environ un quart d'heure, puis on a procédé au pansement.

Dans l'espoir d'obtenir une réunion immédiate et une réparation des désordres sans suppuration, j'adoptai les principes suivants pour la direction du traitement : en premier lieu, l'immobilisation absolue de la main placée dans l'extension physiologique; en second lieu, la protection des plaies et leur mise à l'abri de tout contact irritant ou infectieux. Le même pansement ouaté et phéniqué réalisa complètement ces conditions jusqu'à la cicatrisation définitive; il ne lui fut apporté de modifications que dans quelques détails insignifiants. Les plaies furent recouvertes de protective, la main fut entourée d'une simple couche de bandelettes de gaze phéniquée, chaque doigt fut séparé de son voisin par une faible épaisseur d'ouate, deux couches d'ouate furent appliquées sur les faces dorsale et palmaire de la main, et tout le membre enfin jusqu'au coude fut recouvert par une enveloppe de coton phéniqué. Une bande de tarlatane phéniquée maintint chacun de ces plans en exerçant en même temps une très légère compression sur le membre ; on l'étendit sur une planchette matelassée d'ouate ; la position en était légèrement élevée.

Telles ont été les règles des pansements ultérieurs qui urent rares afin de mieux remplir les conditions qu'on voulait obtenir. Jamais le pansement n'a été enlevé sans qu'on fît une pulvérisation phéniquée et personne, jusqu'au jour de la cicatrisation définitive de la blessure, n'a touché la main sans s'être préalablement lavé dans une solution phéniquée forte.

Certaines dispositions furent prises en vue de parer aux éventualités qui pourraient se produire : hémorrhagies secondaires ou plus tardives, inflammation suppurative des gaines, accidents nerveux, névrite et tétanos. Les limites extrêmes de la température de la chambre furent fixées à 16 et 18 degrés. On recommanda expressément qu'il n'y eût pas de courants d'air dans la pièce ; ordre fut donné d'éloigner toute visite.

L'état général du blessé demandait également à être surveillé de près ; son embonpoint, son genre de vie réclamaient quelques précautions. Aussi M. Siredey, son médecin habituel, et M. Fieuzal, son ami, qui connaissaient ses habitudes et sa santé, furent-ils prévenus dès le soir même. Pendant tout le traitement où la main seule fut en cause, j'ai été assisté dans mes visites par MM. Gilles et Guerdat, très souvent aussi par MM. Siredey et Fieuzal. Trois internes des hôpitaux, MM. Walter, Berne et Martinet, se sont succédé auprès de M. Gambetta, lui donnant les soins de tous les instants et veillant à l'exécution de nos prescriptions.

27 *novembre*, neuf heures du soir. — Température, 37°,2, pouls, 88.

L'hémorrhagie n'a pas reparu depuis le pansement. Le blessé, fortement enrhumé depuis deux jours, tousse beaucoup. Il éprouve dans la main un sentiment de tension qui s'est manifesté presque immédiatement après l'accident et qui va en augmentant depuis quelques heures ; cette douleur se localise dans l'éminence thénar. Le régime alimentaire a consisté aujourd'hui en un simple bouillon et deux grogs. M. Gambetta a pris successivement 3 grammes de chloral, un gramme à quatre heures, un gramme à six heures, un dernier enfin à huit heures; M. Lannelongue passe la nuit près de lui.

28 *novembre*, huit heures du matin. — Température, 37°,8; pouls, 84.

La nuit a été agitée et presque sans sommeil ; à quelques minutes de repos succède un réveil en sursaut, et un peu de calme n'est survenu que vers six heures du matin ; durant toute la nuit une transpiration abondante s'est produite.

Le phénomène de tension de la main a pris de très grandes proportions; M. Gambetta le traduit ainsi : « Ce ne sont pas des élancements douloureux, à proprement parler, ceux-ci sont rares ; c'est une compression comparable à celle que ferait subir un étau, on dirait qu'il y a dans les tissus de la main un corps étranger volumineux dont le gonflement menace de faire éclater les téguments. » Cette sensation persiste trois quarts d'heure, une heure sans discontinuer, puis elle cesse durant quelques minutes pour se reproduire ensuite. La toux du malade en augmente l'intensité.

Même régime que la veille, quelques grogs dans la journée, lait froid et un bouillon si le malade le désire. 2 grammes de chloral sont pris au milieu du jour, un troisième gramme dans la soirée et on donnera vers dix heures du soir enfin une cuillerée de sirop de morphine si la douleur persiste avec la même intensité.

28 *novembre*, cinq heures du soir. — Première visite de MM. Siredey et Fieuzal avec M. Lannelongue.

Température, 37°,4; pouls, 80. M. Fieuzal passe la nuit à Ville-d'Avray.

29 *novembre*, huit heures du matin. — Visite de MM. Siredey et Lannelongue. Température, 37°,2 ; pouls, 76.

Le renouvellement du pansement fait constater un gonflement égal à celui du premier jour; il existe de plus un léger œdème avec une teinte à peine rosée de la face dorsale de la main. Au toucher, absence de chaleur dans le membre et de pulsations dans les parties gonflées. La nuit a été meilleure et le malade a pu prendre trois heures entières de repos; dans l'intervalle il a ressenti des douleurs identiques à celles de la nuit précédente. On fait un examen sommaire des urines (1). Même sévérité dans le régime alimentaire. Continuation du chloral.

29 *novembre*, six heures du soir. — Visite de M. Lannelongue. Température, 37°,2 ; pouls, 88.

Depuis le pansement du matin le blessé a ressenti deux fois des élancements dans la main, où il éprouve une incessante compression; il a eu néanmoins du repos dans la journée. La toux est fréquente et grasse, la respiration bruyante et le visage un peu rouge, la langue est humide.

30 *novembre*, matin. — Visite de MM. Siredey et Lannelongue. Température, 37 degrés; pouls, 76.

La nuit a été bonne, fort calme, sans élancements dans la

(1) L'examen des urines montre qu'elles ne renferment ni sucre ni albumine. Les résultats des analyses et des examens faits dans le cours de la blessure et de la maladie ont été réunis à la suite de l'observation.

main, sans transpiration gênante. Au moment de notre visite le blessé ne ressent plus la compression si vive de la veille, il se trouve très bien, sa physionomie est gaie, son moral est excellent. Les fonctions du ventre ne s'étant pas encore accomplies depuis la blessure, un remède à la glycérine est ordonné malgré la répugnance qu'il inspire. Un œuf frais sans pain pour le déjeuner, lait et grogs dans la journée.

30 *novembre*, soir. — Visite de M. Lannelongue. Température, 37 degrés; pouls, 72-76.

Langue humide. Le malade se défend de n'avoir pas pris le remède prescrit en parlant de velléités qui n'ont pas encore abouti. La physionomie est d'ailleurs excellente, l'humeur naturelle et pleine d'entrain. La journée eût donc été on ne peut plus satisfaisante sans la persistance de la sensation pénible de la main; cependant la douleur est moins continue. M. Gambetta cherche à l'éviter en réclamant de fréquentes modifications dans la position du membre; chacune de ces manœuvres le soulage, mais le malaise reparaît au bout de peu de temps. Il prend à l'heure du dîner un potage seulement. Sirop de morphine pour la nuit.

1er *décembre*, matin. — Visite de MM. Siredey, Fieuzal et Lannelongue. Température, 36°,6; pouls, 72.

Excellente nuit, sept heures de sommeil. Langue humide. Absence de garde-robes; nous prescrivons deux grands verres d'eau d'Hunyadi Janos à prendre dans la matinée. Le pansement est renouvelé : la blessure palmaire est à peine visible, étant recouverte par un gonflement blanchâtre de l'épiderme, la blessure brachiale n'offre pas la moindre rougeur, les bords n'en sont pas gonflés et on n'y remarque aucun suintement. La paume de la main s'est élargie en prenant la forme d'un battoir, les sillons y sont moins profonds, et le bourrelet de la racine de chaque doigt plus prononcé; le gonflement est surtout marqué entre le pouce et l'index, on n'y sent pas de pulsations.

Il existe aussi un très léger œdème dorsal sans rougeur. Les doigts ne sont plus dans l'extension complète, mais fléchis sur la main d'une vingtaine de degrés environ.

Quatre jours pleins se sont écoulés depuis l'accident, et l'examen actuel ne constate qu'une légère inflammation adhésive des gaines.

En refaisant le pansement on s'attache à redresser l'attitude vicieuse des doigts et on y parvient aisément.

Il est permis au malade de manger quelques huîtres et un œuf après son purgatif; on continue l'usage de l'eau de Vichy (source de la grande Grille) commencée depuis la veille.

1er *décembre*, soir. — Visite de M. Lannelongue. Température, 36°,8; pouls, 76.

La physionomie est parfaite; cependant la douleur de la main a été plus vive qu'hier, et elle se localise plus particulièrement entre le pouce et le poignet; de plus, le blessé ressent un phénomène étrange qu'il traduit ainsi : « Il n'y a pas un de mes doigts qui ne soit le siège d'un phénomène de rétraction irrésistible vers la paume de la main. »

Le purgatif n'ayant produit qu'un effet très incomplet, on en prescrit un second pour le lendemain.

Reprise du chloral, 2 grammes, et du sirop de morphine s'ils sont nécessaires.

2 *décembre*, matin. — Visite de M. Lannelongue. Température, 36°,8; pouls, 72.

La douleur de la main a rendu la nuit moins bonne que la précédente. Le malade a repris deux grands verres d'Hunyadi Janos à six heures du matin. Le pansement est renouvelé afin de surveiller le gonflement plus marqué qui existait la veille; on le trouve aujourd'hui très atténué et les doigts sont dans une bonne attitude; on sent un peu de crépitation articulaire en faisant exécuter quelques mouvements dans les phalanges.

2 *décembre*, soir. — Visite de M. Lannelongue. Température, 36°,6 ; pouls, 72.

Le purgatif a agi très efficacement. Malgré quelques douleurs ressenties d'une manière irrégulière à la racine du petit doigt et de l'index, malgré la persistance du phénomène de tension de la main, la journée a été excellente et le blessé nous montre toute la bonne humeur qu'il a en pleine santé.

Dimanche, 3 *décembre*, neuf heures du matin. — Consultation de MM. les professeurs Verneuil, Trélat et de MM. les docteurs Siredey, Fieuzal, Gilles, Guerdat et Lannelongue. Température, 36°,4 ; pouls, 72.

Le pansement est défait et la main examinée avec attention.

Les orifices de la blessure sont presque fermés ; la tuméfaction persiste cependant dans l'éminence thénar de même qu'entre le pouce et l'index; mais le gonflement palmaire est presque nul et les doigts sont bien redressés. L'entretien chirurgical qui a suivi cet examen a été bref. MM. les professeurs Verneuil et Trélat exprimèrent l'avis que la blessure se réparait sans suppuration, que toute complication paraissait conjurée et que la guérison était prochaine. Aussi conseillèrent-ils de plus rares pansements.

Le bulletin suivant fut livré au public : « L'état de M. Gambetta est absolument satisfaisant à tous les points de vue ; sa santé générale ne laisse rien à désirer, et la blessure touche à la guérison. » Signé par les médecins consultants.

3 *décembre*, cinq heures du soir. — Visite de M. Lannelongue. Température, 36°,4 ; pouls, 72.

La journée a été excellente et le moral est tout à fait naturel ; M. Gambetta ne se plaint que de la sensation locale déjà signalée. On lui a permis ce matin une côtelette et un œuf ; il a eu une garde-robe naturelle dans la journée.

4 décembre, huit heures du matin. — Visite de M. Lannelongue. Température, 36°,5 ; pouls, 68.

Le malade a souffert deux heures environ dans la soirée du 3 ; puis, il a passé la meilleure des nuits, il a dormi huit heures sans chloral, et ce matin il ne sent pas sa main.

4 décembre, soir. — Visite de M. Lannelongue. Température, 36°,5 ; pouls, 68.

Le malade a bien déjeuné et la journée a été très calme ; il n'a plus en effet cette tension permanente qui l'a beaucoup éprouvé jusqu'ici ; mais il a eu trois ou quatre crises dans lesquelles la douleur a pris un nouveau caractère. De la paume de la main partent des irradiations à forme fulgurante se dirigeant vers les doigts et principalement vers l'index et le petit doigt.

Deux fois ces douleurs ont remonté vers le coude et l'épaule.

Une évacuation naturelle assez abondante a eu lieu.

5 décembre, matin. — Visite de MM. Siredey et Lannelongue. Température, 36°,4 ; pouls, 68.

Cinq heures du soir. — Visite de M. Lannelongue. Température, 36°,7 ; pouls, 72.

Le déjeuner a été pris avec plaisir. M. Gambetta a beaucoup moins souffert et a ressenti seulement trois à quatre crises comparables à celles de la veille. Le pansement est défait, la main est dans le meilleur état, la plaie palmaire est presque cicatrisée, et celle de l'avant-bras offre une couche de bourgeons de la dimension d'une lentille. Le pansement est très allégé et les doigts restent à découvert.

2

On permet au malade de changer de lit, et il est autorisé à recevoir M. Arnaud de l'Ariège, son ami et son secrétaire.

La santé générale est excellente, il y a eu une garde-robe abondante dans la journée.

6 *décembre*, matin. — Température, 36°,6; pouls, 68.
Soir. — Température, 36°,7; pouls, 72.

7 *décembre*, matin. — Température, 36°,7; pouls, 68.
Soir. — Température, 36°,7; pouls, 72.

8 *décembre*, matin. – Visite de M. Lannelongue. Température, 36°,5; pouls, 68.
Soir. — Température, 36°,7; pouls, 72.

Cinq heures du soir. — Visite de MM. Siredey et Lannelongue.

Renouvellement du pansement : l'aspect du membre est excellent, presque normal ; les doigts sont dans l'extension complète ; tout œdème a disparu ; la paume de la main ne présente plus de gonflement que dans le premier espace interosseux, et là on ne trouve ni tension ni soulèvements pulsatiles.

L'orifice de la blessure palmaire est à peu près cicatrisé et l'orifice brachial est oblitéré par une couche rosée fort petite de bourgeons charnus. Le trajet intermédiaire semble être entièrement réparé; l'articulation du poignet jouit de tous ses mouvements. Le blessé nous dit qu'il ne perçoit plus de douleur que dans les doigts; l'index et le petit doigt le *travaillent surtout;* il a l'impression qu'ils sont fléchis dans la paume de la main, et il y regarde souvent pour s'assurer du contraire.

Une perversion plus étrange de la sensibilité est celle-ci : M. Gambetta n'a pas le sentiment vrai de la position de sa main qui est étendue sur un coussin en dehors du lit; il lui semble qu'elle repose sur sa poitrine et il a besoin de la voir pour se remettre dans la réalité.

M. Gambetta a fait un déjeuner un peu plus abondant (un bouillon, un œuf à la coque, 4 huîtres avec du pain, les ailes d'une bécasse); il a ce soir le ventre distendu par des gaz ; il s'en plaint.

Un purgatif lui est ordonné pour le lendemain samedi.

9 *décembre*, matin. — Visite de M. Lannelongue. Température, 36°,9 ; pouls, 80.

Soir. — Température, 37 degrés ; pouls, 84.

Dans la journée de samedi les phénomènes douloureux de la main ont été beaucoup moins prononcés; mais le malade qui ne s'est pas purgé le matin a ressenti les mêmes troubles gastriques que la veille et en particulier du dégoût pour les aliments ; il a fort peu mangé ce jour-là.

Dimanche 10 *décembre*, matin. — Température, 37°,5 ; pouls, 84.

Soir. — Température, 37°,6 ; pouls, 84.

Visite de M. Lannelongue dans la soirée. — Le malaise abdominal s'est accentué et M. Gambetta nous apprend que, la veille au soir, en faisant des efforts pour aller à la garde-robe, il a ressenti subitement une vive douleur dans le flanc droit, dont il précise mal le siège. Cette douleur a déterminé de l'insomnie, et le dimanche il s'en plaint encore, quoiqu'elle soit beaucoup moins accentuée. L'état saburral est plus prononcé, l'inappétence est complète.

M. le professeur Charcot qui l'a vu dans la journée lui a conseillé un lavement purgatif. L'examen du ventre ne révèle rien d'anormal; il n'y a nulle part d'empâtement, le siège de la douleur est très vague, et M. Gambetta se plaint à peine quand on presse fortement dans le flanc ou dans la région lombaire.

On réveille pourtant de la sensibilité sur la paroi latérale et inférieure du thorax du côté droit ; il est proposé d'appliquer sur ce point un sinapisme ; mais, comme on a déjà pratiqué un large badigeonnage de laudanum, M. Gambetta ne paraît pas disposé à accepter le sinapisme, et il ajoute qu'il ne souffre pour ainsi dire plus.

11 *décembre*, matin. — Température, 37 degrés ; pouls, 80.

Soir. — Température, 36°,8 ; pouls, 76.

Visite de M. Lannelongue dans la matinée.

Le visage est légèrement congestionné, la langue blanche et très saburrale ; le dégoût pour la nourriture est absolu ; 40 grammes de citrate de magnésie sont ordonnés. L'état de la main est tout à fait satisfaisant, l'orifice palmaire est cicatrisé, et le brachial n'offre plus qu'une agglomération de petits bourgeons exubérants ; on les cautérise. L'examen de la région, qui a été le siège de la douleur subite mentionnée plus haut, ne révèle aujourd'hui qu'une sensibilité très obtuse, que d'assez fortes pressions seules mettent en évidence. M. Gambetta, qui se levait chaque jour pour aller d'un lit dans un autre, demande avec insistance l'autorisation de passer quelques heures dans un fauteuil ; elle lui est accordée s'il n'est pas trop fatigué par les effets de la purgation.

12 *décembre*. — Visite de M. Lannelongue à une heure.

Température à huit heures du matin, 36°,7 ; pouls, 76.

Température à sept heures du soir, 36°,8 ; pouls, 76.

La purgation a été efficace la veille ; la nuit dernière a été bonne.

M. Gambetta est dans son fauteuil, et il s'y trouve aussi

bien qu'hier. Son visage est naturel, et il reçoit avec une satisfaction évidente les personnes qui viennent le voir.

Il lui est recommandé ce jour-là, comme les jours précédents, d'être encore très réservé sur ce point.

Pour nous donner la preuve que son dégoût pour la nourriture a disparu, il nous fait part du bon déjeuner qu'il a fait, et qu'il complète en fumant un cigare; il a fumé la veille pour la première fois depuis son accident.

13 *décembre.* — Température, 36°,8; pouls, 76. Visite de MM. Siredey et Lannelongue.

La main est dans un si bon état que j'ai cru devoir exercer quelques mouvements de flexion dans les phalanges des doigts, m'arrêtant toujours à la première sensation de douleur; la blessure brachiale n'offre plus qu'un bourgeon à peine gros comme la tête d'une épingle. M. Gambetta examine sa main en détail et en est très satisfait; sa santé générale ne laisse rien à désirer, son ventre est libre.

14 *décembre.* — Température, 36°,7; pouls, 76. Visite de M. Lannelongue à deux heures du soir.

M. Gambetta est très bien; il mange à table, circule dans sa maison. On fait les mêmes manœuvres de flexion des doigts que la veille; elles s'accomplissent sans douleur.

15 *décembre.* — Température, 36°,6; pouls, 72.

Nous visitons M. Gambetta à deux heures, avec M. le professeur Gavarret; il nous reçoit dans son fauteuil. La nuit précédente a été bonne, et il n'a été ressenti qu'à des intervalles éloignés une légère douleur dans l'index et le petit doigt. Le pansement est défait : rien d'anormal; on renouvelle les tentatives de flexion des doigts, et le blessé exécute devant nous quelques légers mouvements dans ces organes. Mais M. Gambetta se plaint de nouveau d'un malaise abdominal; il a des éructations fréquentes depuis le matin, et il ne peut pas s'en défendre. Spontanément il a pris aujourd'hui un verre d'eau de Pullna qui n'a pas encore agi. Son déjeuner a été marqué par un petit incident; il s'est endormi à table après avoir mangé un œuf, et n'a pas continué son repas.

Le temps étant très beau, il nous a demandé de faire sa première sortie avec nous, et il nous a accompagné, en effet, jusqu'à la grille de son parc.

Cette promenade, qui lui a fait le plus grand plaisir, a duré vingt minutes.

Soir. — Température, 36°,6; pouls, 76.

Samedi 16 décembre, matin. — Température, 36°,6; pouls, 72.

Soir. — Température, 39°,6; pouls, 88.

Visite de M. Lannelongue à deux heures. M. Gambetta est dans son fauteuil; il nous dit que la veille au soir il n'a presque pas mangé, n'ayant pas faim, et qu'il a éprouvé une sensation de chaleur sans frisson préalable. Il a dormi toute la nuit. A son déjeuner, il a éprouvé le même malaise que le jour précédent.

L'examen du membre blessé atteste que l'orifice de sortie est complètement cicatrisé, et que la blessure est totalement fermée. Pendant le pansement, M. Gambetta est tourmenté par d'assez violentes coliques ; il a des renvois incessants ; sa figure est rouge, son ventre un peu tendu.

Il est tellement persuadé de la nécessité de prendre l'air qu'il a commandé sa voiture, avant mon arrivée, pour une promenade qui fut faite en prenant de grandes précautions.

Un verre d'eau de Pullna pour le lendemain, et dans la journée de la limonade tartrique avec de l'eau de Vichy lui furent prescrits.

Sa promenade en voiture lui fut très agréable; à son r etour, il ne cessa de manifester le bien-être qu'il en avait ressenti, et en rentrant il resta quelque temps encore dans son jardin.

Néanmoins, les éructations persistent, et à six heures il éprouve une chaleur vive non précédée de frisson, qui ne fait qu'augmenter dans la soirée.

A huit heures du soir, M. Berne, chargé de ses soins particuliers, trouvant une température de 39°,6, avec un pouls à 88, crut devoir me prévenir, et je me rendis à Ville-d'Avray, où j'arrivai à dix heures du soir. M. Gambetta ressent une grande chaleur; il est en pleine transpiration. L'examen de la poitrine ne révèle rien; tous les phénomènes sont concentrés dans le ventre, qui est tendu et un peu douloureux à la pression du côté droit; on n'y trouve pas pourtant d'empâtement. — Limonade; lait froid; 50 centigrammes de sulfate de quinine à la fin de l'accès.

Je fais prévenir M. Siredey dans la nuit.

Dimanche 17 décembre. — Température du matin, 39°,4; pouls, 80.

Température à deux heures de l'après-midi, 39°,5; pouls, 80.

Température à huit heures du soir, 39 degrés; pouls, 84.

Neuf heures du matin. — M. Siredey, après avoir procédé à un examen complet du malade, rejette l'hypothèse de toute complication thoracique. Ayant constaté un empâtement douloureux et très circonscrit dans la fosse iliaque droite, il me transmet une note que je trouve à Ville-d'Avray à deux heures de l'après-midi, et dans laquelle je lis cette phrase : « Je crois que la typhlite est ce qu'il y a de plus probable. » A ce moment la température est encore élevée, et M. Gambetta ressent les mêmes symptômes de tension abdominale et d'éructation. Le régime prescrit comprend exclusivement des boissons : limonade tartrique, grogs et bouillons.

Lundi 18 décembre, huit heures du matin. — Température, 38°,4; pouls, 76.

Onze heures et demie. — Température, 38°,5; pouls, 80.

Six heures du soir, pendant un frisson. — Température, 38°,4; pouls, 72.

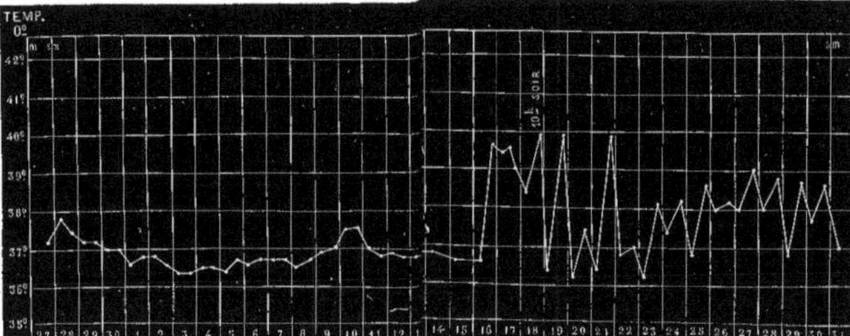

Dix heures du soir. — Température, 39°,9; pouls, 96.

M. Siredey voit le malade à huit heures du matin; il apprécie de la même manière l'état local, persiste dans le même sentiment à l'égard de ce qu'il a trouvé la veille, et conseille le même régime. Je le vois à mon tour à deux heures, et je procède d'abord à un examen du membre blessé; il n'est le siège d'aucune complication. Sa forme, son volume, ses apparences sont les mêmes que celles du membre sain, et il ne conserve plus que les macules cicatricielles de la blessure. J'écarte définitivement la pensée d'une résorption purulente, qui ne se trouvait être justifiée ni par l'état local actuel du membre, ni par la marche absolument apyrétique de la blessure, ni par les conditions antérieures qui ont été celles d'une réparation tout à fait heureuse, sans production de pus, ni enfin par les nouveaux symptômes qui se produisent depuis deux jours. Toute l'attention doit se concentrer désormais sur les accidents qui ont pour point de départ la cavité abdominale, et rendez-vous est pris avec M. Siredey pour que nous ayons le lendemain une conversation à ce sujet.

Aujourd'hui d'ailleurs la tuméfaction persiste malgré la purgation de la veille, qui a produit trois évacuations abondantes. M. Gambetta est fatigué et cherche à reposer.

A six heures moins un quart, il se produit pour la première fois un frisson assez intense de vingt-cinq minutes de durée, suivi d'une forte impression de chaleur et de quelques efforts de vomissements. Appelé dans la soirée, je trouve une température de 39°,9. A dix heures du soir, le malade est dans une abondante transpiration. Il est ordonné 50 centigrammes de quinine après l'accès, et une dose pareille pour le lendemain matin à la première heure.

Mardi 19 *décembre*, huit heures du matin. — Température, 36°,5; pouls, 76.

Midi. — Température, 36°,4; pouls, 72.

Trois heures. — Température, 36°,5; pouls, 72.

Six heures. — Température, 39°,9; pouls, 80.

Dix heures du soir. — Température, 38°,1; pouls, 72.

Nous nous réunissons avec M. Siredey pour visiter le malade à huit heures du matin. Il a eu dans la nuit un nouveau frisson très intense d'une demi-heure de durée, suivi d'une forte chaleur, d'une évacuation d'urine abondante et aussi d'une transpiration considérable. On lui a fait prendre 50 centigrammes de quinine immédiatement après ce second accès; puis il a dormi jusqu'à notre arrivée, et nous le trouvons calme et reposé. La température est basse, 36°,5, le pouls est à 76, la langue est très humide. L'examen attentif de la cavité abdominale donne les résultats suivants : le ventre est souple et d'un aspect uniforme; l'exploration de la fosse iliaque droite est facile et fort peu douloureuse superficiellement; on constate dans sa partie la plus élevée, à deux travers de doigt environ au-dessus de l'épine iliaque supérieure, un empâtement très profond et douloureux à la pression, de forme allongée et cylindrique, ressemblant à un boudin. Cet empâtement suit le trajet du côlon ascendant et cesse d'être senti au delà d'une longueur de 4 à 5 centimètres environ. La percussion en révèle aussi l'existence ; il y a là une submatité circonscrite, séparée de la matité du foie par une zone transversale sonore d'un pouce environ ; l'inspection de ce dernier organe permet de le considérer comme sain et plutôt d'un petit volume. En explorant la région lombaire on ne découvre rien d'anormal ; une pression forte au niveau du rein ne réveille pas de sensibilité. Les mouvements du membre inférieur de ce côté sont tout à fait libres. Les urines examinées avec soin révèlent l'existence d'une assez forte proportion d'albumine, elles sont très épaisses, de couleur betterave et jumenteuses (voyez l'analyse de l'urine).

Nous eûmes avec M. Siredey un long entretien qui nous amena à conclure à l'existence d'une pérityphlite que paraissait rendre indéniable la constatation d'un engorgement péricæcal.

Régime lacté, boissons fraîches, limonade et eau de Vichy. 1 gramme de sulfate de quinine dans la journée.

A trois heures, petit frisson ou plutôt sensation de froid légère et de courte durée, chaleur et sueur consécutives.

Visite de M. Lannelongue à six heures du soir. La température est élevée (39°,9) la chaleur grande ; le ventre est dans le même état et le malade n'y ressent aucun élancement, aucune douleur spontanée ; les mouvements du membre inférieur du côté droit sont absolument libres.

Entre sept et huit heures, il se produit plusieurs petites impressions de froid ; le malade a une expectoration assez abondante et quelques nausées. A partir de dix heures, sensation de bien-être très marquée et sommeil à la suite.

Mercredi 20 décembre, huit heures du matin. — Température, 36°,2 ; pouls, 68.

Une heure du soir. — Température, 37°; pouls, 72.

Trois heures, immédiatement après un frisson.—Température, 39°,7; pouls, 84.

Huit heures du soir. — Température, 37°,5; pouls, 76.

Huit heures du matin. — Visite de MM. Siredey et Lannelongue. La nuit a été excellente, le sommeil prolongé. M. Gambetta se trouve très bien, il ne souffre pas du ventre; l'examen que nous en faisons ne révèle que de la sensibilité à une pression assez forte toujours dans le même point; l'état local a la même apparence que la veille. La quantité des urines rendues est normale, elle était moindre hier; elles sont beaucoup plus limpides et toujours albumineuses (1).

Régime lacté, quelques bouillons, eau rougie. 1 gramme de sulfate de quinine dans la journée.

A deux heures de l'après-midi, frisson assez intense, longue période de chaleur suivie de sommeil, transpiration moins abondante. Pendant le frisson, vomissement du grog ingéré. Dans la soirée, le malade se trouve bien, il ne se plaint aucunement, il a eu d'assez longs moments de sommeil et quelques bourdonnements d'oreille provoqués par la quinine.

En dehors de nos conversations du matin et du soir, nous eûmes souvent à Paris de longs entretiens avec M. Siredey sur la situation de M. Gambetta; elle nous occupa une partie de la soirée de ce jour. Le fait de l'existence d'une pérityphlite ressortit de notre discussion comme la donnée la plus certaine; mais le mode d'invasion, l'intensité des frissons et des accès fébriles auxquels succédait une chute de la température jusqu'au degré normal et une rémission complète, le bien-être du malade dans les intervalles apyrétiques, ne

(1) A partir de ce jour, les urines sont toujours restées à peu près limpides, suffisamment abondantes, contenant constamment de l'albumine, nous n'en parlerons plus et nous renvoyons aux analyses chimiques et histologiques faites. L'examen quotidien des évacuations intestinales n'a jamais révélé de traces de pus.

nous parurent pas suffisamment en harmonie avec l'idée d'une inflammation franche, légitime, d'un type régulier et continu. Pour la première fois, nous parlâmes d'une perforation extra-péritonéale de l'intestin comme cause première des accidents ; l'hypothèse d'une ulcération, d'une fissure, qu'un corps étranger venu de l'intestin aurait déterminée dans ses parois fut nettement posée, et nous dessinâmes sur le papier les adhérences qui devaient exister et dont nous supposions en tous cas la possibilité.

Jeudi 21 *décembre*, huit heures du matin. — Température, 36°,4; pouls, 68.

Deux heures et demie. — Température, 39°,4 ; pouls, 76.

Neuf heures du soir. — Température, 39°,9; pouls, 80.

22 *décembre*, quatre heures du matin.—Température, 39°,5; pouls, 84.

Huit heures du matin. — Visite de MM. Siredey, le professeur Cornil et Lannelongue.

Le malade se trouve très bien et nous parle de l'excellente nuit qu'il a passée. Notre examen nous fait reconnaître un ballonnement du ventre plus marqué que les jours précédents. La pression est plus douloureuse que la veille, et nous observons que l'empâtement descend encore vers l'épine iliaque supérieure, tout en restant profond et séparé de la paroi abdominale par une zone sonore; cet empâtement est dur et la peau du ventre n'offre ni œdème, ni rougeur apparente. M. Cornil prend les urines pour faire l'examen des dépôts qu'elles renferment.

On prescrit un lavement au miel de mercuriale, 60 centigrammes de sulfate de quinine, la continuation du lait, de l'eau de Vichy avec ou sans vin. Il survient dans la journée deux très courtes sensations de froid suivies d'une élévation de température et, dans la nuit, à quatre heures du matin, un véritable frisson moins fort que ceux du début. Le lavement a amené une évacuation abondante suivie d'un excellent repos.

Vendredi 22 décembre, matin. — Température, 36°,8; pouls, 72.

Soir. — Température, 37°; pouls, 72.

Visite de MM. Siredey et Lannelongue. A la suite du frisson de la nuit, le malade a reposé et son état général est satisfaisant au moment de notre visite, la physionomie est bonne et la langue très humide.

L'empâtement iliaque est dans le même état; il n'y a ni œdème superficiel, ni induration de la paroi antéro-latérale de l'abdomen, tout se passe plus profondément. M. Gambetta nous dit qu'il a ressenti la veille au soir quelques petites douleurs spontanées. Les mouvements du membre inférieur droit sont complets et faciles, il n'y a pas d'œdème de ce membre.

M. Gambetta refuse une consultation que lui offre M. Siredey dans les termes les plus amicaux.

Un verre d'eau de Pullna, cataplasmes, onctions sur la partie engorgée avec la pommade mercurielle belladonée, sulfate de quinine 60 centigrammes.

Sommeil d'une à quatre heures, et bien-être pendant toute la soirée.

Dix heures du soir. — Petite évacuation, puis frisson de moindre intensité que les précédents, suivi de chaleur.

Samedi 23 décembre, matin. — Température, 36°,2; pouls, 72.

Soir. — Température, 38 degrés; pouls, 80.

Le malade a désiré dans la soirée de la veille voir M. le professeur Charcot; la réunion a eu lieu à huit heures du matin. La fin du jour précédent et la nuit ont été très bonnes; M. Gambetta a longuement dormi. M. Charcot trouve un état général dans de bonnes conditions, la physionomie favorable, la langue humide. Le ventre étant moins distendu par les gaz, l'exploration de la fosse iliaque est facile et M. Charcot reconnaît que la partie inférieure et interne est libre ; il n'en est pas de même en dehors et en haut où existe un empâtement qui occupe le cæcum et la partie inférieure du côlon ascendant ; c'est la portion postérieure de ces organes qui semble atteinte ainsi que le tissu graisseux sur lequel ils reposent. Actuellement, selon M. Charcot, l'affection serait une pérityphlite primitive se propageant sur le côlon, et il prononce le nom de péricolite concomitante. Il n'y a aucun indice de suppuration, ni œdème, ni fluctuation, ni douleurs spontanées. L'opinion du professeur Charcot confirme et précise le diagnostic posé par les médecins ordinaires.

En face de l'engorgement profond, on décide l'application d'un large vésicatoire qui ne devra produire que de la rubéfaction de la peau et ne sera laissé en place que trois heures. On prescrit 25 centigrammes de calomel en trois paquets. Lait, eau rougie, grogs, bouillon et même potage si l'amélioration persiste (1).

La journée du samedi a été bonne et le malade a dormi à plusieurs reprises; dans la soirée, le calomel n'ayant pas agi, on donne un lavement qui est efficace.

Dimanche 24 décembre, matin. — Température, 37°,4 ; pouls, 76.

Soir. — Température, 38°,2 ; pouls, 80.

Visite de MM. Siredey et Lannelongue. Excellente nuit, physionomie presque normale, langue humide. Absence de

(1) A l'issue de la consultation, ce jour-là comme les jours suivants, les médecins rédigèrent un bulletin intentionnellement favorable. Ils n'ignoraient pas que M. Gambetta, dans sa lecture quotidienne des journaux, tenait à savoir ce qui était dit de sa santé.

douleurs et d'élancements dans le côté droit. Le vésicatoire a déterminé de la rubéfaction et une légère vésication en deux points. Le malade désire un œuf frais pour son déjeuner; lait et bouillon dans la journée, lavement purgatif dans la soirée.

Lundi 25 *décembre*, matin. — Température, 36°,8; pouls, 76.

Soir. — Température, 38°,6; pouls, 80.

La nuit dernière a été fort calme, avec du sommeil. M. Gambetta a pris le matin un verre d'eau de Pullna qui n'amène pas d'évacuation dans le jour; le soir un lavement est suivi d'abondants effets. Le malade prend un œuf et du vin à son déjeuner, du lait et de l'eau vineuse dans le jour. A cinq heures, il reçoit la visite de MM. Charcot et Siredey qui constatent que l'empâtement est un peu descendu vers l'épine iliaque supérieure et qu'il se prolonge en arrière; la pression lombaire ne détermine aucune douleur. Il n'y a pas eu de nouveaux frissons depuis le 22 décembre à dix heures.

Mardi 26 *décembre*, matin. — Température, 38 degrés; pouls, 80.

Soir. — Température, 38°,2; pouls, 80.

Visite de M. Siredey dans la matinée, de M. Lannelongue à trois heures.

M. Gambetta a eu un sommeil ininterrompu de dix heures à huit heures du matin; il a pris entre huit et dix heures 25 centigrammes de calomel en trois doses; à midi on lui donne un œuf frais et un demi-verre de vin. Plus tard, sommeil d'une à deux heures; à son réveil, léger frisson suivi de chaleur à la tête; à trois heures, il prend 50 centigrammes de sulfate de quinine. M. Lannelongue le visite à quatre heures et procède à un examen approfondi.

Le ventre présente un tympanisme prononcé qui gêne le malade depuis quelques moments; sur la place occupée par le vésicatoire existe une inflammation de la peau assez prononcée avec rougeur et œdème (c'est la première fois qu'on constate ce phénomène nouveau, mais il perd de sa valeur clinique, car il n'existe qu'à la place même du vésicatoire). L'empâtement profond se présente dans les mêmes conditions que la veille; il se prolonge un peu en dehors dans la paroi latérale de l'abdomen; la fluctuation y est recherchée avec soin dans tous les sens, elle n'y est pas rencontrée. Par la percussion, on trouve de la sonorité partout, même dans les points de la paroi qui font suite à l'induration profonde; mais la sonorité y est moins éclatante. L'empâtement est plus sensible qu'hier et non seulement on réveille par la pression une douleur profonde, mais il existe une sensibilité de la peau très évidente au niveau de la cutite; les ganglions inguinaux sont douloureux. La pression au niveau du rein ne réveille pas de douleur; M. Gambetta a souffert spontanément dans le côté, il est un peu affaissé. Un lavement pris le soir amène une évacuation.

Mercredi 27 décembre, matin. —Température, 38 degrés; pouls, 80.

Soir. — Température, 39 degrés; pouls, 80.

Visite de MM. Siredey et Lannelongue. La nuit a été un peu agitée et le sommeil très interrompu. Le malade accuse quelques douleurs superficielles dans le côté, dans la racine du membre et jusque dans la jambe; il tient plus volontiers le membre inférieur droit fléchi sur le bassin et dans la rotation en dedans. Quand on lui demande d'étendre ce membre, il le fait sans douleur, mais il le ramène dans la flexion; il y a incontestablement un certain degré d'irritation du psoas.

Même état local qu'hier, pas de fluctuation, sub-sonorité sur la paroi latérale correspondante à l'engorgement. La surface du vésicatoire est rosée et œdémateuse, on voit quelques traînées qui vont vers le pli de l'aine. Le malade a pris du chocolat au lait à son déjeuner, du lait et deux grogs dans la journée. Le soir, évacuation après un lavement purgatif.

Jeudi 28 décembre, matin. — Température, 38 degrés; pouls, 80.

Soir. — Température, 38°,8 ; pouls, 100.

Consultation de MM. Charcot, Verneuil, Trélat, Siredey, Gilles, Fieuzal et Landelongue.

Matin. — Le malade a passé une bonne nuit et il se sent reposé; il prend deux verres d'eau de Pullna à huit heures qui amènent dans la journée une évacuation abondante de matières liquides et de gaz. Le régime alimentaire s'est composé de lait, de vin et de grogs. A cinq heures du soir a lieu la consultation.

Les médecins réunis, après avoir discuté toutes les hypothèses que pouvait suggérer l'état du malade, furent unanimement d'accord sur les conclusions suivantes :

L'existence de la pérityphlite est incontestable ; toute autre hypothèse doit être écartée ; les probabilités en faveur d'une suppuration autour du gros intestin, dans le tissu cellulo-graisseux sur lequel il repose, sont très grandes. Les résultats fournis par la recherche attentive de la fluctuation étant absolument négatifs, il n'existe en aucun point de collection purulente. Peut-être y a-t-il une infiltration de pus? La sonorité intestinale déborde de toutes parts, même en arrière, l'empâtement profond.

Ces conditions réunies interdisent une intervention chirurgicale qui serait pleine de périls sans donner aucun espoir fondé d'un résultat favorable.

Vendredi 29 *décembre*, matin. — Température, 36°,8; pouls, 100.

Soir. — Température, 38°,7; pouls, 108.

Matin. — La nuit a été médiocre, pas d'agitation, mais peu de sommeil. Un verre d'eau de Pullna.

Cinq heures. — Visite de MM. Siredey et Lannelongue. L'expression faciale est calme, mais la langue est sèche pour la première fois, la peau est fraîche, le ballonnement du ventre est toujours prononcé et le malade a eu deux évacuations dans la journée. L'examen local montre un érysipèle fort étendu, couvrant la partie latérale droite de l'abdomen et le tronc du même côté depuis l'angle inférieur de l'omoplate jusqu'à la racine de la cuisse, qui est aussi envahie en arrière; un bord abrupt et un liséré rouge limitent le gonflement de la peau. Sous cet érysipèle on ne distingue pas de partie plus saillante, et une recherche attentive et modérée de la fluctuation est absolument négative. Les ganglions de l'aine sont douloureux. Toute la région est déjà depuis quelques jours fortement saupoudrée d'amidon et recouverte d'une forte épaisseur d'ouate. On donne au malade, plus affaissé aujourd'hui, une potion avec 4 grammes d'extrait mou de quinquina et il prendra plus fréquemment des grogs et des vins généreux.

Samedi 30 *décembre*, matin. — Température, 37°,7; pouls, 108.

Soir. — Température, 38°,6; pouls, 110.

Matin. — Visite de MM. Siredey et Lannelongue. La nuit a été mauvaise et le sommeil interrompu sans qu'il y ait eu cependant du délire. La bouche est amère et la langue sèche, la peau est moite ; le malade a pris sa potion au quinquina, mais il a vomi la dernière cuillerée ; la rougeur de l'érysipèle est moindre et le gonflement de la peau peu accusé, le ventre est aussi plus souple. M. Gambetta ne paraît pas inquiet, il semble moins absorbé qu'hier et nous parle de l'insomnie de la nuit ; la parole est facile, mais la voix est moins forte, et le nombre des respirations s'élève à 34 par minute. Thé au lait, lait additionné de kirsch, grogs.

Quatre heures du soir. — Consultation de MM. Charcot, Verneuil, Trélat, Siredey et Lannelongue, M. Paul Bert étant présent. Pendant la journée, M. Gambetta s'est montré indifférent à toutes choses, il a eu quelques moments de sommeil ; il n'a ressenti aucune douleur, il est toujours gêné par les gaz et a eu un vomissement.

Les médecins qui ont pris part à la consultation donnent successivement leur avis. D'un commun accord, ils reconnaissent que la situation s'est considérablement aggravée et qu'aucune opération n'est indiquée, ni possible. Ils considèrent que les seules indications à remplir sont relatives à l'état fébrile et à la nécessité de soutenir les forces du malade (1).

Dimanche 31 *décembre*, matin. — Température, 37 degrés ; pouls, 120. 40 respirations par minute.

Huit heures. — Visite de M. Siredey. Nuit calme et dans l'affaissement jusqu'à cinq heures du matin. A ce moment, M. Gambetta est pris d'un délire léger, qui reparaît à plusieurs reprises jusqu'à sept heures et demie ; un peu plus tard, il a le hoquet pendant quelques instants. La faiblesse est grande, il n'éprouve d'ailleurs aucune souffrance. On lui donne du café, il le rejette ; on recommande l'usage du

(1) Il fut rédigé pour la soirée un bulletin favorable. Les médecins étaient surtout préoccupés d'éloigner toute inquiétude de l'esprit de M. Gambetta, qui, le matin même, s'était fait communiquer les journaux.

vin de Champagne et l'emploi plus continu de l'eau-de-vie et du rhum.

Une heure. — Visite de M. Lannelongue. La physionomie du malade est calme, mais le visage présente une teinte légèrement violacée apparente sur les joues, le nez et les oreilles; la cavité buccale est extrêmement sèche et quand on adresse la parole au malade, il répond avec difficulté tant qu'il n'a pas humecté sa bouche; du reste, M. Gambetta possède toute sa lucidité et jusqu'à quatre heures, il ne se plaint d'aucune souffrance. Vers deux heures les parties qui sont hors du lit, les mains surtout, deviennent fraîches. Le pouls oscille entre 120 et 140 et par temps il a quelques irrégularités; le nombre des respirations est de 38 à 40. L'état du ventre est toujours le même, l'érysipèle semble éteint.

Le vin de Champagne est mal toléré; il est recommandé de ne plus employer que le thé fortement additionné de rhum, les grogs à l'eau-de-vie et de réchauffer le malade avec des boules d'eau chaude.

Dix heures du soir. — M. Lannelongue. Les symptômes alarmants se sont multipliés et s'aggravent, le malade a cependant encore sa connaissance et il répond un dernier mot à onze heures moins un quart. Le dénouement est imminent et la mort arrive sans secousse quelques minutes avant minuit.

RENSEIGNEMENTS COMPLÉMENTAIRES

La santé de M. Gambetta laissait beaucoup à désirer depuis plus d'un an; fréquemment il éprouvait des malaises abdominaux dont il lui répugnait de parler, malgré les conseils de ses amis qui le voyaient souffrir. Il lui est arrivé de quitter plusieurs fois les personnes avec lesquelles il se trouvait ou de se tenir à l'écart d'une conversation, tant la douleur le dominait. Il nous a lui-même parlé de véritables *angoisses d'entrailles* qui devenaient fréquentes depuis quelque temps, et la conversation suivante qu'il a eue avec un des internes, M. Walter, chargé de le soigner, en témoigne encore plus que tous les renseignements venus de différentes sources :

« Un soir après dîner, 9 décembre, M. Gambetta fut pris » de douleurs assez pénibles au creux épigastrique, douleurs » qui furent accompagnées de pyrosis, d'éructations fré- » quentes et bientôt de nausées et de vomissements. Il me » dit alors que, souvent, après le repas, il éprouvait les » mêmes accidents ; dès que ceux-ci se manifestaient, dès » qu'il éprouvait une sensation de tension à l'estomac et » quelques nausées, il sortait et marchait au grand air » pendant quelques instants, pour éviter les vomissements » qui, sans cette précaution, ne tardaient pas à se produire.

» La constipation était habituelle chez lui et, pour la com- » battre, il prenait, de temps à autre, le matin, trois verres » d'eau de Pullna (1). »

ANALYSES DES URINES

L'analyse des urines, faite pour la première fois le 29 novembre, surlendemain de la blessure, ne révèle ni sucre, ni albumine ; elles sont chargées d'urates et contiennent en même temps 1 gramme d'acide phosphorique par litre. Pendant la durée du traumatisme, on a de nouveau plusieurs

(1) M. Liouville, ayant interrogé M. Gambetta père à Nice, sur les antécédents pathologiques de son fils, il lui a été répondu ceci : à l'âge de onze ans, M. Léon Gambetta a été atteint d'une affection abdominale du côté droit qui dura trente-deux jours et donna de telles inquiétudes qu'on crut l'enfant perdu à plusieurs reprises. Le médecin de Cahors qui le soignait avait exprimé toutes ses craintes à la famille. Dans le cours de cette affection, traitée surtout par des médicaments externes, il y aurait eu des évacuations dans lesquelles il semble qu'on ait trouvé du pus. Il se serait manifesté en même temps une suppuration parotidienne.

fois recherché la présence du sucre et on ne l'a jamais rencontrée, pas plus que celle de l'albumine. Les examens faits à l'hospice Brézin par M. Gilles et à Paris ont été d'accord en tous points.

Dans le cours des accidents abdominaux, on a procédé, les 19, 21 et 29 décembre, à trois analyses chimiques et histologiques dont la publication intégrale suit. Les urines, de plus, ont été examinées presque tous les matins chez le malade et elles ont constamment révélé la présence de l'albumine.

Analyse de l'urine, faite à la pharmacie Vée, le 19 décembre 1882.

Après avoir examiné l'urine de M. X..., nous avons constaté les caractères suivants :

Couleur d'un rouge orangé.

Odeur normale.

Transparence nulle, urine très trouble, dépôt abondant.

Consistance très grande, car l'urine agitée donne une mousse persistante.

Densité, 1,030 (*très élevée*).

Réaction peu acide.

Albumine. — Essai :

1° Par la chaleur, l'urine filtrée et acidulée a perdu sa transparence et il y a eu formation d'un dépôt floconneux.

2° Par l'acide nitrique fumant, l'urine filtrée s'est coagulée tout de suite, d'où nous concluons à la *présence de l'albumine*.

Dosage :

2gr, 18 par 1000 centimètres cubes.

Glucose. — Essai (*l'urine ayant été privée d'albumine*):

1° Par la potasse caustique, l'urine portée à l'ébullition a pris une coloration brune.

2° Par la liqueur cupro-potassique de Fehling, préalablement portée à l'ébullition, puis additionnée de quelques centimètres cubes d'urine, il y a eu réduction de la liqueur cuivrique bleue en un protoxyde rouge cuivreux.

Dosage, au moyen du saccharimètre :

12^{gr},375 par litre d'urine.

Urée. — Dosage (décomposition de l'urée par l'hypobromite de sodium en présence d'une solution de soude caustique) :

14^{gr},95 par litre d'urine.

Acide urique. — Dosage (précipitation de l'acide urique par l'acide chlorhydrique fumant) :

1^{gr},20 par 1000 centimètres cubes d'urine.

Acide phosphorique total. — Dosage (méthode volumétrique, au moyen d'une liqueur titrée de nitrate d'uranium) :

0^{gr},98 par litre d'urine.

Bile et pigments biliaires. — Réaction de Gemlin. A moyen de l'acide azotique nitreux au contact duquel on ver peu à peu l'urine soumise à l'examen, nous n'avons pas observé la formation d'un anneau verdâtre caractéristique.

D'où, *pas de bile* dans les urines.

Poids de l'extrait. — 84^{gr},40 par litre d'urine.

Poids des matières organiques. — 72^{gr},70 par litre.

Poids des sels minéraux. — 12^{gr},70 par litre d'urine.

Dépôt. — L'urine abandonne un dépôt rougeâtre très abondant.

Ce dépôt se dissout sous l'action de la chaleur vers la temérature de 45 degrés, et sous l'influence de l'*acide chlorhydrique*, ce qui caractérise les *urates* en dépôt.

Si l'on élève la température de l'urine à 60 degrés et plus, elle se trouble, c'est l'albumine alors qui se dépose.

Ainsi donc, la coloration rouge de l'urine ainsi que le dépôt sont dus à la présence des urates insolubles à la température ambiante et fixant la matière colorante, l'*uro-érythrine*.

Examen au microscope. — Ayant examiné au microscope une seule goutte de cette urine, nous avons remarqué la présence :

1° De masses amorphes d'*urate de soude;*

2° De *globules de pus*, dont les bords sont arrondis et la surface parsemée de petits noyaux, ce qui les distingue des hématies, dont il y a complète absence et dont les bords son crénelés et ne portent qu'un seul noyau central;

3° De *tubes urinifères* (très fins et d'un très faible diamètre);

4° De cellules épithéliales.

En résumé, cette urine, d'une densité très élevée (1,030) et d'une transparence nulle, renferme et de l'albumine (2gr,18) et de la glucose (12gr,375).

La proportion d'urée est faible (14gr,95 par litre), mais il sera utile, pour vérifier cette donnée, de connaître le volume d'urine émise en vingt-quatre heures.

L'acide phosphorique total est représenté par un coefficient très peu élevé (0gr,98), tandis que la quantité d'acide urique domine (1gr,20).

Enfin les *urates colorés* par l'uro-érythryne donnent un dépôt abondant et d'un rouge orangé.

Deuxième analyse due à M. le professeur Cornil, le 21 décembre 1882. — L'urine de ce matin, très chargée, de couleur rouge, présentait un léger nuage d'albumine par la chaleur et l'acide nitrique. On peut évaluer la quantité d'albumine à 25 centigrammes par litre.

Chauffée avec la liqueur de Fehling, on déterminait un changement de couleur après l'ébullition, de telle sorte qu'en regardant le tube en face de la lumière on voyait une légère couleur rouge; mais le liquide était transparent, en sorte que la quantité de sucre était à peine appréciable. L'analyse quantitative la porte à moins d'un gramme.

La densité est de 1,030.

Urée....................	29gr,460 à + 15°
Acide phosphorique.......	1gr,90

Dans le sédiment examiné au microscope, il y avait quelques globules rouges, mais un beaucoup plus grand nombre de globules blancs, des cellules venant de la vessie et une quantité considérable de petits dépôts d'urate de soude. On a cherché spécialement les cylindres dans cinq ou six gouttes du dépôt, il n'en a été vu que deux bien nets, bien caractérisés. Il ne faut pas leur attribuer une grande importance si l'albumine ne se reproduit pas et s'il n'y a rien de nouveau dans les urines.

Troisième analyse faite à la pharmacie Vée, le 29 décembre 1882.

Après avoir examiné l'urine de M. X..., nous avons constaté les caractères suivants :

Couleur d'un rouge jaune.

Odeur un peu forte.

Transparence très grande, pas le moindre dépôt.

Consistance très grande, car, par l'agitation, l'urine mousse avec persistance.

Densité, 1,022.

Réaction très acide.

Albumine. — Essai :

1° Par la chaleur, l'urine un peu acidulée a perdu sa transparence et il y a eu formation d'un dépôt floconneux assez abondant.

2° Par l'acide nitrique fumant, l'urine a donné un coagulum très sensible

Dosage (précipitation de l'albumine par la chaleur) :

1gr,42 par 1000 centimètres cubes.

Glucose. — Essai :

1° Par la potasse caustique, l'urine portée à l'ébullition n'a pas pris une coloration brune.

2° Par la liqueur cupro-potassique de Fehling préalablement portée à l'ébullition, puis additionnée de quelques centimètres cubes d'urine, il n'y a pas eu réduction de la liqueur cuivrique bleue en un protoxyde rouge cuivreux.

D'où nous concluons à l'*absence totale de glucose*.

Urée. — Dosage (décomposition de l'urée par l'hypobromite de soude en présence d'une solution sodique) :

15gr,92 par litre d'urine.

Acide urique. — Dosage (précipitation de l'acide urique par l'acide chlorhydrique concentré).

(L'urine remise était en trop faible quantité pour me permettre le dosage de l'acide urique.)

Acide phosphorique total. — Dosage (méthode volumétrique, au moyen d'une solution de nitrate d'uranium) :

2gr,54 par litre d'urine.

Bile et pigments biliaires. — Réaction de Gemlin. Au moyen de l'acide azotique nitreux au contact duquel on verse peu à peu l'urine soumise à l'examen, nous n'avons pas vu se former un anneau verdâtre caractéristique, d'où nous concluons à l'*absence de bile*.

Poids de l'extrait. — 69gr,40 par litre d'urine.

Poids des matières organiques. — 59gr,60 par litre d'urine.

Poids des sels minéraux. — 9gr,80 par litre d'urine.

Dépôt. — L'urine est très limpide et ne laisse aucun dépôt, et cependant, après avoir décanté cette urine, nous avons examiné une seule goutte de ce qui restait au fond de l'éprouvette. Nous avons remarqué la présence :

1° De quelques cellules épithéliales;

2° D'*un seul* globule de pus.

Coloration de l'urine. — Nous avons recherché quel était le pigment de cette urine colorée en rouge jaune. D'après nos expériences, on ne doit l'attribuer ni aux *acides biliaires*, ni à l'*urobiline* dont je n'ai pu constater les moindres traces à l'aide de réactifs appropriés.

Indican. — Mais, après avoir acidulé l'urine par l'acide chlorhydrique et laissé quatre heures en contact, l'urine s'est colorée en *violet;* le dépôt que j'ai recueilli sur un petit blanc était aussi *violacé*, il y avait même des *points bleus*.

En lixiviant ce dépôt par l'alcool à 60 degrés, j'ai obtenu un liquide *rouge;* puis, en le traitant par le chloroforme, un liquide *bleu* s'est écoulé; le liquide rouge, c'est de l'*indirubine*, et le liquide bleu, de l'*indigotine* résultant de la décomposition de l'indican.

Or, d'après mes observations, et en me rapportant à cinq analyses où j'ai constaté l'indican, les diagnostics ultérieurs des médecins ont indiqué cinq fois que le malade était atteint de carcinomie soit de l'intestin, soit de l'estomac. Il y aurait donc lieu de s'enquérir de ces résultats, et je n'ai d'autre but que celui d'attirer l'attention de ce côté.

En *résumé*, cette urine renferme de l'*albumine* ($1^{gr},42$) seulement ; pas de glucose.

De plus, la coloration rouge jaune de l'urine est anormale et due à la présence de l'*indican*.

Dissection de la main blessée.— Les doigts ont leur volume normal ; la face dorsale de la main ne présente pas d'œdème, mais les tissus mous de la paume sont un peu plus épais que du côté gauche. On a quelque peine à distinguer l'orifice d'entrée du projectile ; une teinte plus blanchâtre l'indique seulement. L'orifice de sortie présente au contraire une teinte grise et un amincissement de la peau qui frappent les yeux.

La description qui va suivre portera d'abord sur la portion palmaire du trajet et il est utile d'indiquer que la dissection de la main a été faite couche par couche, en procédant d'une incision médiane qui a respecté les orifices d'entrée et de sortie de la balle.

La couche sous-cutanée et l'aponévrose palmaire sont intimement unies à la peau au niveau de l'orifice d'entrée par de très fortes adhérences ; l'aponévrose palmaire est épaissie, et elle présente, en outre, une teinte noire ecchymotique qui la recouvre vers le poignet dans une étendue de 2 à 3 centimètres ; le sang est infiltré dans l'épaisseur même de cette aponévrose au milieu des faisceaux fibreux.

Sous l'aponévrose palmaire, le projectile a rencontré l'arcade palmaire superficielle, à l'angle même de sa courbure, en face du tendon de l'index, à 3 millimètres en dehors du tronc commun des collatérales de l'index et du médius. A ce niveau, le tronc de l'artère ne peut plus être disséqué, elle se résout en tractus fibreux et disparaît dans une gangue inflammatoire qui unit la face profonde de l'aponévrose à la face externe de la gaine des tendons.

La paroi antérieure de la grande gaine ou gaine interne des tendons fléchisseurs est très épaissie dans toute son étendue et on n'y reconnaît le trajet du projectile qu'à des adhérences superficielles avec l'aponévrose et la peau, ou profondes et en regard de la cicatrice cutanée. Le siège anatomique du trajet dans la paroi de la gaine est placé dans l'angle de bifurcation des troisième et quatrième branches du nerf médian. A ce niveau, la surface interne de la gaine présente des adhérences avec le tendon superficiel du doigt indicateur. Ce tendon est légèrement éraillé à sa surface et présente quelques ecchymoses; il est accolé au tendon du médius dans une étendue de 1 centimètre; en séparant ces deux tendons, on reconnaît que celui du médius a été traversé d'avant en arrière par le projectile. Deux fissures longitudinales s'y dessinent en effet, l'une en avant et en dehors, l'autre en arrière et en dedans, et lorsqu'on en écarte les bords, on met à découvert une cavité placée au centre du tendon, et tapissée par une couche noirâtre.

Plus profondément le projectile a rencontré les tendons fléchisseurs profond du médius et de l'annulaire. La surface de ces tendons a été intéressée dans une étendue de 2 centimètres environ; une couleur noire ecchymotique, des déchirures visibles se remarquent dans cette partie du trajet; enfin de très fortes adhérences unissent étroitement les deux tendons.

En suivant le trajet dans son parcours ultérieur dans la gaine, on trouve qu'il gagne la paroi postérieure du canal radio-carpien immédiatement en dehors de l'apophyse unciforme de l'os crochu; il existe à ce niveau, sur la paroi postérieure de la gaine interne, une traînée noire formée par une infiltration sanguine qui s'étend jusqu'au cul-de-sac antibrachial de cette gaine. En ce point, le projectile a perforé la paroi réfléchie de la membrane séreuse et il s'est formé un épaississement fibreux assez notable. Ce noyau d'induration adhère à l'artère cubitale qui présente au même endroit une dilatation sacciforme sur sa paroi postérieure ; il semble que le projectile n'ait intéressé que les membranes externe et moyenne de l'artère, et qu'une poche anévrysmale en voie de formation ait été la conséquence de l'affaiblissement de la paroi artérielle ; l'une des veines cubitales a été coupée et se perd dans un caillot fibrineux assez dense. Les adhérences de l'artère cubitale à son nerf satellite ne sont plus normales, et dans une étendue de 2 centimètres environ, un tissu fibreux résistant unit ces deux organes.

Le nerf cubital présente, immédiatement au-dessus de la dilatation artérielle précédente, un renflement longitudinal et fusiforme de 12 millimètres de longueur sur 7 millimètres de largeur. Ce névrome de réparation adhère étroitement en dehors et en bas à l'artère cubitale et au tissu cellulaire adjacent qui est induré ; par sa surface interne et antérieure il est intimement uni au muscle cubital antérieur.

Lorsqu'on isole ce nerf du muscle en détruisant le tissu fibreux qui les réunit, on constate à la surface du nerf une plaque ovalaire, de l'étendue d'une lentille, d'une teinte gris rose, d'un tissu plus dense qui paraît correspondre au trajet même du projectile dans le nerf. Cette plaque occupe plus particulièrement, ainsi que le renflement qui la supporte, la partie postérieure du cordon nerveux ; d'autre part, la partie antérieure n'est presque pas recouverte de tissu de nouvelle formation, sa continuité est uniforme. On est donc en droit de conclure que le projectile n'a intéressé que la partie postérieure du nerf cubital.

Le muscle cubital antérieur est traversé directement de sa face profonde à sa face superficielle à 3 centimètres et demi au-dessus de son insertion à l'os pisiforme. De résistantes adhérences l'unissent à la peau en ce point.

Puis, le projectile a parcouru dans la couche sous-cutanée un trajet de près de 3 centimètres environ avant d'arriver à l'orifice de sortie qui occupe le bord cubital au point indiqué dans l'observation.

Dans la main, la région de l'éminence hypothénar n'offre aucune altération; dans l'éminence thénar, au contraire, ainsi que dans le premier espace interosseux, il existe sous la peau une forte infiltration sanguine encore aujourd'hui très reconnaissable, avec des foyers sanguins en voie de transformation. — La gaine du fléchisseur propre du pouce est normale.

En résumé, le projectile a produit les désordres suivants : il a ouvert la grande gaine des fléchisseurs dans le milieu de la paume de la main et il en a parcouru toute la cavité jusqu'à son extrémité antibrachiale. Dans ce trajet, le tendon superficiel de l'index a été légèrement atteint, le tendon superficiel du médius a été traversé, les tendons profonds du médius et de l'annulaire, entre lesquels la balle a cheminé dans une longueur de 2 centimètres, ont été lésés à leur surface et très contus. Avant de pénétrer dans cette gaine le projectile a coupé l'arcade vasculaire superficielle ; à sa sortie il a légèrement atteint l'artère cubitale et incomplètement coupé le nerf cubital. Le trajet est cicatrisé dans toute son étendue, et nulle part il n'y a trace de suppuration.

Le décès a eu lieu le 31 décembre à onze heures cinquante-cinq du soir. Vingt-quatre heures après, M. Talrich a fait une injection conservatrice à base de chlorure de zinc. Au moment de l'autopsie, les altérations cadavériques dues à la putréfaction et celles causées par le liquide injecté étaient tellement prononcées que presque tous les organes étaient modifiés dans leur aspect microscopique et que l'examen histologique de la plupart était tout à fait impossible.

AUTOPSIE

FAITE A NEUF HEURES ET DEMIE, LE 2 JANVIER, EN PRÉSENCE DE MM. PAUL BERT, BROUARDEL, CHARCOT, CORNIL, TRÉLAT, VERNEUIL, LIOUVILLE, LANNELONGUE, SIREDEY, DUVAL, FIEUZAL, LABORDE, GUERDAT, GILLES, GIBIER.

La rigidité cadavérique a disparu. Sur aucune partie du corps il n'existe de traces de violences si ce n'est sur la peau du membre supérieur droit.

Dans la paume de la main, au croisement du pli de l'éminence thénar et d'une ligne transversale partant de la base du pouce, on trouve une cicatrice blanchâtre, à peine visible, recouverte d'épiderme. Au côté interne de l'avant-bras, à 5 centimètres au-dessus de l'aphophyse styloïde du cubitus, il existe une cicatrice rosée, un peu irrégulière à ses bords, mesurant 5 millimètres dans son plus grand diamètre. Le bras blessé est identique à celui du côté opposé par son volume, sa consistance, son degré de conservation, et par la couleur de la peau.

Les veines du membre supérieur droit sont normales.

La peau de la région abdominale porte à droite, dans la

région du flanc, les traces d'un vésicatoire. L'épiderme est soulevé par places, sur l'abdomen, les cuisses, le dos, etc., par de larges phlyctènes dues à la putréfaction cadavérique. Il n'y a, du reste, aucune trace de solution de continuité ancienne ou récente de la paroi abdominale.

A l'ouverture de la cavité crânienne, il s'écoule une grande quantité du liquide employé pour l'injection conservatrice.

Les méninges cérébrales se décortiquent avec une grande facilité.

Le cerveau est sain, il pèse 1160 grammes. Le cerveau a été remis à M. Duval, président de la Société d'anthropologie.

Le cœur est de volume normal; il pèse 400 grammes. Le tissu cellulo-adipeux situé sous le péricarde viscéral autour du cœur n'est pas notablement plus épais qu'à l'état normal. L'aorte, au-dessus des valvules sygmoïdes, offre à considérer une petite plaque athéromateuse calcifiée de 7 à 8 millimètres de diamètre. La paroi musculaire du cœur n'est pas épaissie, les valvules sont saines.

Les plèvres contiennent un peu de liquide provenant de l'injection conservatrice.

Les poumons sont absolument libres, sans adhérences à la plèvre pariétale. Ils sont légèrement emphysémateux; ils ne montrent aucune trace de lésions pathologiques anciennes ou récentes; pas d'abcès, pas de nodules tuberculeux.

Le tissu cellulo-adipeux sous-cutané de la paroi de l'abdomen est épais de 4 centimètres au-dessus de l'ombilic, de 8 centimètres au-dessous; il présente dans la région hypogastrique des dilatations variqueuses des veines sous-cutanées.

Le péritoine contient des gaz fétides et une petite quantité de liquide séro-purulent collecté dans les parties déclives. La surface du péritoine pariétal est à peine rosée et sans trace de fausses membranes fibrineuses. Les anses de l'intestin sont libres d'adhérences et ne présentent pas non plus de ausses membranes fibrineuses.

Le foie pèse 1920 grammes. Il est lisse à sa surface, gras, sans cicatrices ni épaississement général ou partiel de la capsule de Glisson. Il ne contient pas d'abcès.

Le fond de la vésicule biliaire est uni par une adhérence au côlon transverse. Elle est remplie de bile et ne contient pas de calculs. Sa paroi est notablement épaissie.

La rate pèse 230 grammes. Elle ne contient pas d'abcès.

Les reins se décortiquent facilement; le rein gauche pèse 200 grammes; le droit 160 grammes. Leur surface est lisse, leur apparence normale. Ils ne renferment pas d'abcès.

L'intestin grêle et le gros intestin sont très distendus par des gaz. Les gaz contenus dans le cæcum se déplacent facilement par la pression et remontent alors dans le côlon ascendant. Ce dernier est moins dilaté que le cæcum. Le côlon ascendant présente, un peu au-dessus du cæcum, un pli transversal, sorte de rétrécissement relatif déterminé par la pression du côlon transverse.

La partie postérieure du cæcum est unie à la paroi abdominale par des adhérences résistantes et anciennes. En décollant le cæcum et en le soulevant, on découvre un foyer d'infiltration purulente anfractueux, cloisonné par des brides de tissu cellulaire, contenant environ deux cuillerées de pus. Ce foyer s'étend en haut jusqu'à la partie inférieure de l'atmosphère adipeuse du rein droit, en dedans jusqu'à la colonne vertébrale en arrière du muscle psoas, et il envoie en bas un prolongement long de 3 à 4 centimètres dans le petit bassin. En dehors, ce foyer est limité du côté du péritoine par les adhérences déjà décrites, mais il se propage en avant du fascia iliaca dans l'épaisseur du tissu conjonctif sous-péritonéal. En continuité avec ce foyer, il existe, dans la paroi antéro-latérale de l'abdomen, dans le tissu cellulo-adipeux sous-péritonéal de la région du flanc droit, des îlots disséminés de tissu cellulaire sphacélé, jaunâtre, tels qu'on les rencontre dans le phlegmon diffus.

La partie terminale de l'iléon, le cæcum et le côlon ascendant ont été enlevés pour être examinés en détail. Le cæcum étant ouvert, on voit la valvule iléo-cæcale proéminente, analogue par sa configuration au museau de tanche (voy. fig. 2, A). La saillie qu'elle forme mesure de 3 à 4 centimètres. Au lieu d'être constituée par deux valves minces, au contact l'une de l'autre, la valvule iléo-cæcale présente un bord circulaire, épais, induré et une ouverture étroite et plissée qui permet à grand peine l'intromission de l'extrémité du petit doigt.

Lorsqu'on a ouvert l'intestin grêle et la valvule iléo-cæcale, on constate derrière le rétrécissement de celle-ci une dilatation, puis un nouveau rétrécissement à 5 ou 6 centimètres de la valvule.

On peut voir, sur la section de l'intestin grêle, que la saillie et le rétrécissement de la valvule sont déterminés par une invagination de l'extrémité inférieure de l'iléon dans le cæcum. La muqueuse de l'intestin grêle, en sortant du rétrécissement, revêt toute la partie externe ou cæcale du rebord épaissi de la valvule. La muqueuse, ainsi réfléchie de dedans en dehors, tapisse un anneau fibro-musculaire très résistant, semi-transparent, de 4 à 5 millimètres d'épaisseur, qui forme, pour ainsi dire, la charpente solide de la saillie de la valvule de Bauhin.

La muqueuse du cæcum et celle du côlon ascendant sont plus épaissies et plus rigides qu'à l'état normal. Dans la partie postérieure du cul-de-sac cæcal, qui est en rapport avec le foyer purulent, la surface de la muqueuse est lisse, comme tendue et étalée. Dans le côlon ascendant, la muqueuse s'enfonce dans les plis et anfractuosités déterminés par le relief des fibres musculaires, mais on n'y trouve ni ulcérations ni perforations.

L'appendice cæcal s'ouvre dans le cul-de-sac du cæcum par une ouverture assez large. Examiné à la surface du cæcum, l'appendice est fixé d'abord au cæcum, dont il contourne l'extrémité inférieure, puis il se replie de bas en haut pour passer au-dessous et en arrière du cul-de-sac cæcal.

Dans la première partie de son trajet, qui mesure 5 centimètres (voy. fig. 3), l'appendice est recouvert, comme le cæcum auquel il adhère, par la séreuse péritonéale. Mais depuis le point où il pénètre en arrière du cæcum, jusqu'à son extrémité terminale, dans une étendue de 6 centimètres, l'appendice est situé dans le tissu cellulaire interposé au cæcum et au fascia iliaca, c'est-à-dire dans le foyer purulent rétro-cæcal (1). Il est dirigé là de bas en haut ; il adhère à la paroi postérieure du cæcum ; il baigne dans le pus, et il est entouré d'un tissu conjonctif à faisceaux grisâtres dont les mailles sont remplies d'une sanie purulente.

La surface externe de l'appendice est grise, irrégulière, plissée. Il présente, à 2 centimètres de sa terminaison, une bosselure irrégulière due à un épaississement de sa paroi. A côté de cette induration, on voit une petite ampoule saillante (D, fig. 3) formée par une membrane très mince et molle, revenue sur elle-même et perforée à son centre en E.

Un peu au-dessus de cette perforation, qui mesure environ 1 millimètre et demi de diamètre, il en existe une autre plus petite et déprimée (F, fig. 3).

(1) Cette disposition a été signalée par la plupart des anatomistes, par M. Sappey en particulier, comme se rencontrant quelquefois à l'état normal, même chez les enfants nouveau-nés. M. Ch. Robin l'a vue une fois sur six.

Ces deux perforations communiquent avec la cavité de l'appendice.

Lorsqu'on injecte en effet de l'eau par l'extrémité cæcale de l'appendice, on fait sortir le liquide par les deux perforations que nous venons de décrire. Pendant l'injection, l'ampoule se dilate et présente une forme hémisphérique; le liquide coule en jet par le trou qu'elle présente à son centre; lorsqu'on cesse l'injection, la membrane revient sur elle-même et s'affaisse en se plissant.

L'appendice étant ouvert dans toute sa longueur, on n'y trouve aucun corps étranger. Sa muqueuse est lisse et normale dans sa première portion, tandis qu'elle est irrégulière, grise, épaissie par places dans sa seconde portion, surtout près de son extrémité. Elle s'amincit progressivement au niveau des points perforés, qui paraissent être le fond d'ulcérations qui ont détruit peu à peu toute la paroi.

Dans le but d'élucider la question de savoir si l'épaississement de la muqueuse était ancien ou récent, j'ai fait durcir dans l'alcool absolu un fragment de l'appendice pris dans un point où sa paroi mesurait 2 millimètres. Sur les coupes perpendiculaires à sa surface, on trouve d'abord les glandes en tube parfaitement conservées avec leurs cellules cylindriques normales; au-dessous des glandes, il existe une couche épaisse formée de tissu conjonctif fasciculé contenant quelques vésicules adipeuses, puis les deux tuniques musculeuses, et enfin tout à fait à la surface externe une couche assez épaisse de tissu conjonctif. Dans cette dernière et dans la couche musculeuse superficielle, on trouve une grande quantité de cellules lymphatiques interposées aux faisceaux conjonctifs et musculaires. Mais il n'y a pas de cellules rondes migratrices dans le tissu conjonctif induré, situé au-dessous des glandes, ni dans la tunique musculaire à fibres annulaires.

De cet examen, on peut conclure que la muqueuse de l'appendice était altérée longtemps avant le début des accidents aigus qui ont déterminé la pérityphlite.

Les documents qui précèdent ont été collationnés et intégralement approuvés par les médecins dont les noms suivent et qui ont signé :

Professeurs Charcot, Verneuil, Trélat, Brouardel, Cornil; Docteurs Siredey et Lannelongue.

Motteroz, Adm.-Direct. des Imprimeries réunies, A, rue Mignon, 2, Paris

EXPLICATION DES FIGURES 2 ET 3

Fig. 2. — Cæcum ouvert par sa face antérieure pour montrer la muqueuse et l'orifice de la valvule de Bauhin.

A, valvule de Bauhin, dont les lèvres sont très épaissies.

B, brides ou freins de la valvule.

T, intestin grêle ouvert dans une partie de sa longueur.

N, muqueuse du cæcum.

M, tissu cellulo-adipeux situé à la surface de l'intestin.

(Grandeur naturelle.)

Fig. 3. — Cæcum vu par sa face externe.

C, portion latérale droite du cæcum recouverte par le péritoine.

De A en B, on voit la portion de la paroi postérieure du cæcum qui fait partie de l'abcès.

M, appendice iléo-cæcal.

De M en N, cet appendice est lisse à sa surface et recouvert par le péritoine.

De N en P, l'appendice qui adhère à la paroi postérieure du cæcum baigne dans le foyer purulent.

D, ampoule saillante au centre de laquelle se trouve une perforation E.

On voit en F une autre perforation.

P, extrémité de l'appendice.

(Grandeur naturelle.)

Fig. 2.

ormanski ad nat. del.

Imp. Lemercier & Cie Paris.

Leuba lith.

Fig. 3.

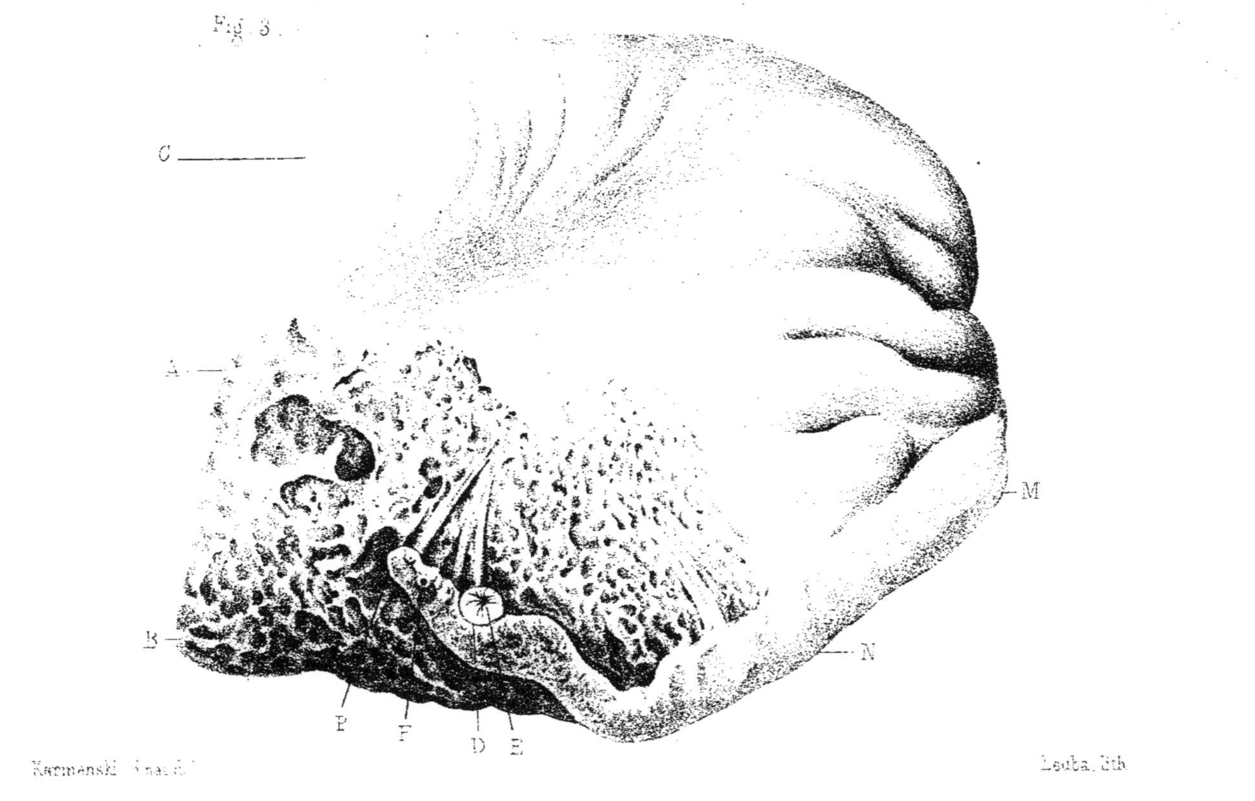

Karmanski ad nat.

Leuba lith.

www.ingramcontent.com/pod-product-compliance
Ingram Content Group UK Ltd.
Pitfield, Milton Keynes, MK11 3LW, UK
UKHW021000180726
13838UKWH00003B/1405

9 782329 463322